ANALIZA KSIĄŻKI

AF126347

Nie moje życie

• • • • • • • • • • • • • • • • •

Emmanuel Carrère

ANALIZA KSIĄŻKI

Napisany przez Marie-Pierre Quintard
Przetłumaczony przez Kâmil Kowalski

Nie moje życie

EMMANUEL CARRÈRE

EMMANUEL CARRÈRE

PISARZ, SCENARZYSTA I REŻYSER

- **Urodził się w Paryżu w 1957 roku.**

- **Godne uwagi prace**:

  - *The Adversary (*2000), powieść

  - *Limonow* (2011), powieść

  - *Królestwo* (2014), powieść

Emmanuel Carrère urodził się w Paryżu w 1957 roku. Jest pisarzem, scenarzystą i reżyserem. Syn historyka i badaczki Hélène Carrère d'Encausse, specjalizującej się w tematyce rosyjskiej, rozpoczął karierę jako krytyk filmowy, by następnie przejść do literatury pięknej, wydając swoją pierwszą powieść *The Jaguar's Friend* (1983). Od tego czasu publikuje w Éditions P.O.L i otrzymał Prix Femina w 1995 roku za *Class Trip*. Po powieści *The Adversary*, która opowiada historię prawdziwego mordercy Jean-Claude'a Romanda, Carrère odłożył fikcję na bok i skupił się na pisaniu filmów dokumentalnych i opowiadań, takich jak *A Russian Novel* (2007) i *Nie moje życie* (2009). Po napisaniu scenariuszy do różnych filmów telewizyjnych, w 2005 roku stanął za kamerą i wyreżyserował adaptację swojej powieści *The Mustache*.

NIE MOJE ŻYCIE

PÓŁ BIOGRAFIA, PÓŁ AUTOPORTRET

- **Gatunek**: powieść autobiograficzna

- **Wydanie referencyjne**: Carrère, E. (2012) *Other Lives But Mine*. Trans. Coverdale, L. London: Serpent's Tail.

- Pierwsze **wydanie**: 2011 (Praca oryginalna opublikowana we Francji w 2009 roku)

- **Tematyka**: tsunami, choroba, żałoba, wzajemna pomoc, altruizm, sprawiedliwość

Nie moje życie ukazała się w marcu 2009 roku. Jest to historia kilku osób, których losy skrzyżowały się z życiem Carrère'a: młodego małżeństwa, które traci 4-letnią córkę w wyniku tsunami, oraz kobiety chorującej na nowotwór, która musi pogodzić się z tym, że umrze i zostawi męża oraz ich trzy małe córeczki samych.

Poprzez te opowieści Carrère opowiada o swoim własnym życiu, a zwłaszcza o nowym spojrzeniu na życie, jakie dało mu bycie świadkiem tych wydarzeń. Biografia i autoportret łączą się w książkę o rzadkim stopniu emocji.

STRESZCZENIE

NISZCZYCIELSKIE TSUNAMI

W grudniu 2004 roku narrator, którego czytelnik szybko rozpoznaje jako Emmanuela Carrère, i jego partnerka Hélène spędzają wakacje na Sri Lance. Związek nie układa się najlepiej i oboje zastanawiają się nad rozstaniem. Nagle u wybrzeży Azji Południowej pojawia się tsunami, które niszczy wszystko na swojej drodze. Ponieważ Hélène i Emmanuel zatrzymali się w hotelu położonym wysoko na klifie, nic im się nie stało, ale Jérôme i Delphine, francuska para, którą poznali kilka dni wcześniej, tracą swoją 4-letnią córkę Juliette. Jako kobieta czynu, Hélène postanawia pomóc Jérôme'owi w odnalezieniu ciała córki. Dowiadują się, że zostało ono przetransportowane do szpitala w Colombo. Ponieważ jest dziennikarką, Hélène jest przyzwyczajona do szybkiego reagowania w sytuacji kryzysowej i wykazuje dużą siłę we wspieraniu ofiar. Emmanuel, zagubiony i nieskuteczny, czuje się trochę zazdrosny o swoją partnerkę.

Następnego dnia wszyscy wyjeżdżają do Colombo. Znajdują ciało Juliette, ale jej rodzice nie chcą jej pochować, bo nie mogą znieść myśli o złożeniu jej w trumnie. Ponieważ ze względów sanitarnych mogą ją przywieźć do domu tylko w ołowianej trumnie, decydują się na skremowanie jej ciała na miejscu.

W szpitalu Hélène i Jérôme spotykają Ruth, młodą kobietę ze Szkocji, która szuka swojego męża, który z tego co wie, może już nie żyć. Idzie z nimi do hotelu. Hélène zmusza ją do zadzwonienia do rodziny. Ruth to robi i odkrywa, że jej mąż żyje, ale jest ranny. Jest w szpitalu około 30 mil od hotelu. Wszyscy spędzają razem wieczór. Jérôme i Delphine starają się jak najlepiej uczcić dobrą wiadomość Ruth, mimo że są pogrążeni w smutku. Później wszyscy wracają samolotem do Francji.

Dwa tygodnie po powrocie do domu Hélène i Emmanuel postanawiają zostać razem i dać swojemu związkowi drugą szansę. Przeżycie tsunami zbliżyło ich do siebie. Jednak Hélène dowiaduje się, że jej młodsza siostra Juliette, która ma 33 lata, znów choruje na raka i jej stan zdrowia gwałtownie się pogarsza. W związku z tym jadą do niej.

Choroba po raz pierwszy pojawiła się, gdy miała 16 lat. Wówczas powiedziano jej, że ma chłoniaka. Poddano ją leczeniu radioterapią i po kilku miesiącach powiedziano jej, że jest wyleczona. Jednak następnego lata lekarze zauważyli, że radioterapia uszkodziła jej ciało. Od tego czasu musi chodzić o kulach, ponieważ jedna z jej nóg jest całkowicie sparaliżowana.

Kilka tygodni później Hélène otrzymuje pilny telefon: Juliette jest umierająca. W środku nocy dopadł ją kaszel, który utrudnił jej oddychanie. Lekarze szybko zdają sobie sprawę, że nic nie mogą zrobić: ona umrze. Juliette przyjmuje tę wiadomość dzielnie. Trafia na intensywną terapię i ma tylko jedno życzenie: przeżyć do następnego dnia, by móc zobaczyć swoje trzy córeczki po szkolnym przedstawieniu. Udaje jej się to. Umiera w nocy, w ramionach swojego męża, Patrice'a.

Następnego dnia cała rodzina zostaje zaproszona do domu kolegi Juliette, Étienne'a, z którym była bardzo zżyta. Oboje byli sędziami w sądzie w Vienne i oboje w młodości stracili używanie nogi w wyniku choroby nowotworowej. Podczas swojej pracy bronili tych samych spraw, starając się stosować prawdziwą sprawiedliwość w sprawach windykacyjnych, które były ich zadaniem: "Juliette i ja, byliśmy świetnymi sędziami" (s. 90), wyjaśnia Étienne swojej rodzinie.

ŻYCIE JULIETTE

Étienne proponuje Emmanuelowi napisanie książki o Juliette. Emmanuel zgadza się i zaczyna badać jej życie, kilkakrotnie przychodząc zadawać Étienne'owi pytania. Étienne opowiada mu o swoim życiu i pracy z Juliette. Mówi o raku, na który chorował, gdy był nastolatkiem. Wówczas przeszedł operację, która miała usunąć komórki rakowe. Jednak gdy miał 22 lata, jego rak powrócił i musiał mieć amputowaną nogę.

Po ukończeniu studiów Étienne poznał Nathalie. Zamieszkali razem i wkrótce Nathalie urodziła dziecko. Étienne dostał pracę w sądzie cywilnym w Vienne, gdzie poznał Juliette. Po ośmiu latach pracy jako sędzia, Étienne został przeniesiony do Lyonu jako sędzia śledczy. Nie pracował już zatem z Juliette, ale oboje widywali się od czasu do czasu.

W tym czasie Juliette dużo pracowała i była coraz bardziej zmęczona. W marcu 2004 roku urodziła ich trzecią córkę, Diane. Pewnej grudniowej nocy zaczęła mieć problemy z oddychaniem i okazało się, że ma zator płucny. Powierzyła Étienne'owi swój strach przed śmiercią, ale nie powiedziała nic Patrice'owi. Następnie odkryto komplikacje związane z zatorowością i lekarze znaleźli przerzuty w ciele Juliette: znów cierpiała na raka. Rozpoczęła chemioterapię, ale niestety wyniki nie były dobre: leczenie nie przynosiło efektów. Dowiedziawszy się o tym, Juliette zdała sobie sprawę, że musi przygotować się na śmierć. Poprosiła sąsiadów o zorganizowanie pogrzebu i powiedziała im, że liczy na to, że zaopiekują się jej córkami. Poprosiła też przyjaciółkę, by zrobiła jej jak najwięcej zdjęć, by Diane, która nie będzie mogła jej pamiętać, miała przynajmniej fotografie. W maju lekarze przerwali leczenie, ponieważ nie przyniosło ono żadnych pozytywnych efektów.

Następnie Emmanuel wypytuje męża Juliette – Patrice'a. Opowiada mu o swoim dzieciństwie i o tym, jak poznał swoją żonę. Na początku martwiło ich to, że tak bardzo się różnią i rozważali rozstanie, ale szybko zrozumieli, że są dla siebie stworzeni.

Autorka udaje się następnie do domu rodziców Juliette, aby posłuchać o jej pierwszym doświadczeniu z rakiem, kiedy była nastolatką. Trudno im o tym mówić, nawet ze sobą, ale zgadzają się na to w nadziei, że książka kiedyś przyniesie córkom Juliette i Patrice'a coś dobrego.

Kiedy po kilku dniach spędzonych z Patrice'em wraca do domu, Emmanuel dowiaduje się, że Hélène jest w ciąży. Dziewięć miesięcy później rodzi dziewczynkę, którą oboje nazywają Jeanne. W końcu zdaje sobie sprawę, że te dwie tragedie (tsunami i śmierć Juliette) uczyniły go spokojniejszym człowiekiem, a narodziny córki uczyniły go naprawdę szczęśliwym. Ponieważ chce spędzić jak najwięcej czasu z noworodkiem, Emmanuel nie kończy książki przez kolejne trzy lata. Wysyła rękopis Étienne'owi i Patrice'owi, mówiąc im, że mogą w nim zmienić wszystko, co zechcą.

Później Emmanuel ponownie widzi Delphine i Jérôme'a. Mają teraz dwójkę dzieci, ale wciąż nie zapomnieli o małej Juliette.

STUDIUM POSTACI

NARRATOR

Narrator książki nigdy nie zostaje nazwany. Nie trzeba jednak długo czekać, by zorientować się, że Carrère kryje się za powieściowym "ja".

Jest scenarzystą i reżyserem. Ma 13-letniego syna z poprzedniego małżeństwa o imieniu Jean-Baptiste. Opisuje siebie w sposób, który nie zawsze jest pochlebny. Na początku powieści, w dniach następujących bezpośrednio po tsunami, jest zagubiony, całkowicie pozbawiony pewności siebie i zazdrosny o swoją partnerkę, ponieważ jest ona bardziej zdolna do wspierania ofiar niż on. Dość udręczony człowiek, który nigdy nie jest zadowolony, nigdy nie pozwolił sobie na szczęście. "Ja, który żyję w niezadowoleniu, ciągłym napięciu, biegnąc za marzeniami o chwale i kładąc kres swoim miłościom, bo zawsze wyobrażam sobie, że pewnego dnia, gdzieś indziej, znajdę coś lepszego" (s. 24).

Dwa tragiczne wydarzenia, których jest świadkiem, zmieniają jego spojrzenie na życie. Pod koniec powieści jest znacznie spokojniejszy. Choć przed tsunami rozważał zerwanie z Hélène, w ciągu kilku dni, które spędzają w Azji, uświadamia sobie, że chce walczyć o utrzymanie ich związku: "Mówię sobie, że to długie wspólne życie *musi się* zdarzyć: jeśli muszę odnieść sukces w jednej rzeczy przed śmiercią, to właśnie to" (s. 35). Kilka miesięcy później, gdy bliska śmierci Juliette stwierdza, że jej życie było sukcesem, Emmanuel przyznaje Hélène, że gdyby zadał sobie to samo pytanie, "powiedziałbym, że nie" (s. 68). Kontynuuje z:

> *"Powiedziałbym, że w niektórych sprawach odniosłem sukces, [...] ale to, co istotne, czyli miłość, umknęłoby mi. Byłem kochany, tak, ale nie nauczyłem się kochać – albo nie potrafiłem, co jest tym samym. [...] A potem, po fali, wybrałem ciebie, wybraliśmy siebie nawzajem i teraz już nic nie jest takie samo" (s. 68-69).*

Kiedy pod koniec powieści rodzi mu się córka, to nowe uczucie spokoju staje się jeszcze silniejsze:

> *"[...] nastąpił cud, na który liczyłem, nie wierząc w niego: lis targający moimi żywotami odszedł. Byłam wolna. Spędziłam rok, ciesząc się prostym faktem, że żyję i obserwowałam, jak nasza córka rośnie. Nie miałam żadnych pomysłów na to, co będzie dalej, ale też żadnych zmartwień" (s. 235).*

HÉLÈNE

Hélène jest partnerką Emmanuela. Jest dziennikarką, a także ma syna, o imieniu Rodrigue, z poprzedniego małżeństwa. Od samego początku książki rozumiemy, że jest to kobieta czynu, która jest pewna siebie i wie czego chce. Po tsunami nie daje się przytłoczyć emocjom i robi wszystko, by pomóc ofiarom: "Hélène [...] poświęca całą swoją energię na robienie tego, co może, bo nawet jeśli jest to coś marnego, to i tak musi to zrobić. Jest uważna, ostrożna, zadaje pytania, myśli o wszystkim, co może być przydatne" (s. 18).

Od początku powieści martwi się o swoją siostrę Juliette. Obie nie zawsze były ze sobą bardzo zżyte, a Hélène nie widuje jej zbyt często. Jednak do samego końca pozostaje u jej boku i chce wziąć czynny udział w wychowaniu dzieci Juliette po śmierci siostry.

JÉRÔME, DELPHINE, JULIETTE I PHILIPPE

Jérôme i Delphine są młodym małżeństwem z 4-letnią córką o imieniu Juliette. Philippe, ojciec Delphine, stał się bliskim przyjacielem Jérôme'a. Często spędzają razem wakacje na Sri Lance. Ta mała francuska rodzina docenia proste przyjemności w życiu, szczególnie letnie wieczory, kiedy rozmawiają razem przy dużej butelce wina. Idą z prądem życia i są zadowoleni z tego, co mają.

Kiedy w 2004 roku tsunami zabiera Juliette, Jérôme'a, Delphine i Philippe'a łączy silne poczucie solidarności. Jérôme robi wszystko, co w jego mocy, by uchronić żonę przed grożącą im żałobą. W końcu, wiele lat później, mają kolejne dzieci. Dwa dni po tsunami Delphine zgadza się zaopiekować Rodrigue'em, synem Hélène, co ją ratuje: "Nie, opiekować się dzieckiem dwa dni po śmierci mojej córki, po prostu nie mogłam, ale ona się zgodziła i od tej pory nadal, mimo wszystko, mówiła tak" (s. 239).

JULIETTE

Juliette jest młodszą siostrą Hélène. Kiedy była nastolatką, zachorowała na raka, a w wyniku radioterapii straciła władzę w jednej z nóg. Od tamtej pory kuleje. Kiedy ma 33 lata, niedługo po urodzeniu trzeciej córki, rak powraca, tym razem do płuc. Kilka miesięcy później umiera.

Pochodzi z elitarnej, katolickiej, raczej prawicowej rodziny. Jako sędzia jest spokojna i uspokajająca. Jest kobietą o silnej woli, zdecydowaną. Zawsze patrzy życiu prosto w oczy: kiedy dowiaduje się, że jej rak powrócił, prosi lekarzy o szczerość.

Podobnie jest z córkami i nie ukrywa, że czeka ją śmierć. Do samego końca wie, czego chce: kiedy zdaje sobie sprawę, że jej śmierć jest nieuchronna, prosi lekarzy o utrzymanie jej przy życiu do sobotniego popołudnia, aby mogła zobaczyć córki po ich szkolnym przedstawieniu: "pielęgniarka była pod wrażeniem nie tylko jej odwagi, ale jeszcze bardziej jej jasności i determinacji" (s. 58).

PATRICE

Patrice jest mężem Juliette. Juliette jest żywicielem ich związku; on jest artystą komiksowym i zajmuje się domem. To bardzo prosty człowiek ("Plany kariery nie były jego rzeczą, podobnie jak zamartwianie się", s. 153), któremu łatwo jest zaufać ludziom. Pochodzi ze wsi, a więc z zupełnie innego środowiska społecznego niż Juliette, co sprawiało wiele problemów na początku ich związku. Jego prostota idzie w parze z pokorą: "nie był dumny ani nie wstydził się siebie. Zgoda na bycie bezbronnym dawała mu wielką siłę" (s. 159). Bierze życie takim, jakim ono jest: "Patrice żyje w teraźniejszości. To, co mędrcy na przestrzeni dziejów ogłaszali sekretem szczęścia, bycie tu i teraz bez żałowania przeszłości i zamartwiania się o przyszłość, jest czymś, co on praktykuje w sposób naturalny" (s. 204).

ÉTIENNE

Étienne jest najlepszym przyjacielem Juliette. Oboje są sędziami i spotykają się na dworze w Vienne, gdzie zaczynają razem pracować. Od pierwszego spotkania identyfikują się ze sobą, ponieważ oboje stracili władzę w nogach z powodu raka: "Znali to samo cierpienie, takie, którego nie można zrozumieć, nie przeżywszy go. Pochodzili z tego samego świata" (s. 174). Te więzi tworzą bardzo silną przyjaźń między nimi: mogą rozmawiać ze sobą o swojej chorobie z pełną szczerością i powiedzieć "mam dość" (s. 172), kiedy nie chcą powiedzieć rodzinie. Utrata Juliette oznacza utratę jedynej osoby, z którą Étienne mógł naprawdę porozmawiać, nie powstrzymując niczego: "aż do śmierci będą rzeczy, których nie będę mógł już powiedzieć żadnej duszy. To już koniec. Jedyna osoba, której mógłbym je powiedzieć, nie będąc smutnym, odeszła" (s. 232).

ANALIZA

PÓŁ BIOGRAFIA, PÓŁ AUTOBIOGRAFIA

Tylna okładka francuskiej wersji książki daje nam pewne pojęcie o tym, czego możemy się spodziewać: "To wszystko prawda". Czytelnik szybko się przekonuje: narrator wypowiada się w pierwszej osobie liczby pojedynczej i nigdy nie jest nazwany, ale nie trzeba długo czekać, by zorientować się, że narrator to także autor, Emmanuel Carrère. Potwierdza to wzmianka o jednym z jego filmów ("Kilka miesięcy wcześniej nakręciłem film o mojej powieści Wąsy" s. 34) oraz fakt, że mówi, iż jest pisarzem ("Podczas jednej z naszych przerw na palenie na poboczu drogi Philippe wziął mnie na bok i zapytał: Więc jesteś pisarzem. Czy zamierzasz napisać o tym książkę?", s. 46). Ponadto pierwsze wydarzenie, które opisuje Carrère, naprawdę miało miejsce: 26 grudnia 2004 roku trzęsienie ziemi o sile 9 magnitudo u wybrzeży Indonezji spowodowało tsunami, które uderzyło w kilka krajów Azji Południowej.

Co więcej, struktura książki również dobrze oddaje niefabularny aspekt opowieści: autor przedstawia fakty (śmierć małej Juliette i śmierć siostry Hélène) przed wszystkim innym, z surowymi emocjami opakowanymi w drobne szczegóły. Dopiero później dokonuje bardziej wyrównanej analizy faktów, skupiając się szczególnie na śmierci siostry Hélène, Juliette: przepytuje Étienne'a, Patrice'a i jej rodziców, prawie jakby prowadził śledztwo. W ten sposób daje nam kompletną biografię Juliette.

Opisując te dwa tragiczne wydarzenia i życie Juliette, autor zwierza się czytelnikowi ze swoich emocji, uczuć i własnego rozwoju. Biografia Juliette miesza się z pewnego rodzaju autobiografią: autor opowiada o swoim związku, o swoich dotychczasowych książkach, o kręceniu filmu i tak dalej. Książki poruszają tak osobiste wydarzenia, że czytelnik ma czasem wrażenie, że tak naprawdę nigdy nie miała być opublikowana. Wydaje się, że autor potrzebował napisać tę historię, aby pogodzić się z tym, co przeżył i pomóc trójce dzieci Juliette: "A ja, który jestem tak daleko od nich, który na razie – i wiedząc, jak kruche to jest – jestem szczęśliwy, chciałbym zaoferować to, co mogę, małe pocieszenie, choć będzie to pocieszenie, i dlatego ta książka jest dla Diane i jej sióstr" (s. 243).

SPRAWIEDLIWOŚĆ I CHOROBA

Należy zauważyć, że Carrère zdecydował się napisać tę książkę po spotkaniu z przyjacielem Juliette, Étienne'em Rigalem. Szczególnie jedno zdanie, które wypowiada sędzia podczas ich pierwszego spotkania, motywuje jego decyzję: "Jedną z rzeczy, która sprawiła, że chciałem napisać tę historię, jest sposób, w jaki Étienne powiedział, gdy spotkaliśmy się po raz pierwszy, Juliette i ja, że jesteśmy świetnymi sędziami" (s. 90). Rzeczywiście, w sposobie wykonywania pracy przez Juliette i Étienne'a jest element absolutu, godna pochwały determinacja, by sprawiedliwości stało się zadość. Zajmują się sprawami windykacyjnymi dotyczącymi najbiedniejszych osób w społeczeństwie, gdzie firmy kredytowe żądają od swoich klientów niebotycznych odsetek i opłat za opóźnienia w płatnościach. W obliczu sytuacji, które wydają się tak czarno-białe, oboje sędziowie starają się zachować uczciwość. Étienne mówi, że "Juliette nie chciałaby, żeby ludzie mówili, że jest po stronie biednych: to byłoby zbyt proste, zbyt romantyczne; przede wszystkim nie byłoby prawnicze, a ona była przede wszystkim prawnikiem" (s. 79). Wyjaśniając swoje własne powołanie, Étienne wyraża znaczenie "mówienia tego, co słuszne i wymierzania sprawiedliwości" (s. 90).

Choć niewątpliwie to właśnie niestrudzone dążenie do sprawiedliwości cementuje przyjaźń tych dwojga, ważną rolę odgrywa również ich zgodne podejście do choroby. W istocie, każdy z nich wykazuje się odwagą i jasnością na swój sposób, gdy staje w obliczu choroby trawiącej ich ciała. Pewien rodzaj akceptacji (która jednak nie jest formą poddania się) wyczuwamy, gdy Étienne opowiada o swojej pierwszej nocy w szpitalu, gdy właśnie dowiedział się, że ma raka: "jest to psychiczne zniszczenie; może to być odrodzenie" (s. 80). To "odrodzenie" opiera się na objawieniu, którego doznał tamtej nocy: "Komórki rakowe są tobą, tak jak zdrowe. Ty jesteś tymi komórkami rakowymi. [...] Twój rak nie jest przeciwnikiem" (s. 94). Walka z chorobą jest możliwa, jeśli się ją uzna. Ciekawa jest paralela, którą Carrère przeprowadza w książce, a która wybrzmiewa poprzez cytowane wyżej słowo "przeciwnik": "Chłoniak Hodgkina, rak, który Romand [główny bohater *Przeciwnika*] udawał, że ma, aby nadać akceptowalną nazwę niewypowiedzianej rzeczy, która go opanowała, był tym, który Juliette miała mniej więcej w tym samym czasie, i to naprawdę" (s. 83). W rezultacie wyimaginowana choroba i potworne zachowanie Jean-Claude'a Romanda zostają skontrastowane z prawdziwym, beznadziejnym złem, które Juliette znosi dzielnie dzięki swojemu szczęśliwemu, spełnionemu życiu.

Juliette patrzy przecież swojej chorobie prosto w oczy: wie, że umrze, i nie próbuje tego ukryć przed sobą ani przed bliskimi. Obsesyjna nadzieja, jaką pokłada w walce o sprawiedliwość poprzez swoją pracę, może być rozumiana jako sposób kompensacji faktu, że sama nie zazna sprawiedliwości. W każdym razie jest to jeden z aspektów, który Philippe Lioret, reżyser filmowej adaptacji książki, *Wszystkie nasze pragnienia,* postanowił podkreślić.

POWIEŚĆ NON-FICTION

Powstanie nowego gatunku literackiego

Od kilku lat można zauważyć, że coraz więcej nagród literackich we Francji otrzymują książki z gatunku tzw. "non-fiction novel", czyli takie, w których fabuła oparta jest na prawdziwych faktach, natomiast struktura wykorzystuje techniki z fikcji literackiej. Fikcyjny aspekt powieści, który pierwotnie był cechą definiującą ten gatunek, dziś nie jest już tak całkiem widoczny, a granice między publicystyką, wyobraźnią, a nawet autobiografią coraz bardziej się zacierają. Amerykanie nazwali tę kategorię książek hybrydowych "creative nonfiction". Za tropicieli gatunku powszechnie uważa się Normana Mailera (1923-2007) i Trumana Capote (1924-1984).

Do tego gatunku zaliczają się książki Carrère'a, a zwłaszcza *"The Adversary"*, który stanowi pierwszy krok autora w tej nowej formie literackiej. Te "powieści" często zaczynają się jako długie artykuły publikowane w dziennikach lub magazynach. Tak było z Nie moje życie, gdyż jej pierwszym szkicem było opowiadanie o tsunami opublikowane w *Paris Match* w styczniu 2005 roku; tekst ten pojawił się ponownie z tytułem *Śmierć na Sri Lance* w najnowszej książce autora, *Il est avantageux d'avoir où aller* ("Dobrze jest mieć dokąd pójść", 2016).

Pisanie z empatią

Carrère'a interesuje przede wszystkim "pisanie o życiu" (*La fin du roman ?*, 2011). Nawet jeśli nie pisze o swoim własnym życiu, inaczej niż w autobiografii, życia, które opowiada, rezonują z jego własnym i właśnie to przemieszczanie się między własną egzystencją a egzystencją innych pozwala mu osiągnąć to, co uniwersalne i zrozumieć to, co "dotyka każdego z nas" (tylna okładka francuskiego wydania *The Adversary*, 2000). W rezultacie, jak mówi sędzia Philippe Bilger, "dla Carrère'a wyobraźnia jest znacznie mniej stymulująca i bogata niż empatia" (Bilger, *D'autres vies… et celle d'Emmanuel Carrère*). To właśnie do tego rodzaju absolutnego braterstwa dąży Carrère, gdy chce "być godnym powołania się" na ten cytat z psychoanalityka Pierre'a Cazenave'a, określający jego sztukę jako "bezwarunkową solidarność z tym, co w ludzkiej kondycji kryje niezgłębiony niepokój" (s. 111).

Pisarz jako rzecznik i pośrednik

Rola pisarza, w ujęciu Carrère'a, polega zatem na byciu rzecznikiem, bez negowania podmiotowości, która pozwala im na empatię wobec innych. Étienne Rigal trafnie określił pozycję pisarza, gdyż jak zaznacza autor: "wiedział, że mówiąc o nim, z konieczności będę mówił o sobie" (s. 86). Sędzia nie jest jedyną postacią w opowiadaniu, która to rozumie. Hélène nie sprzeciwia się planom Emmanuela, by napisać książkę o swojej siostrze, wręcz przeciwnie, uznaje zalety tego pomysłu.

Można więc powiedzieć, że pisarzowi powierzona została misja pośrednika, który ma wydobyć to, co łączy jednostki mimo ich różnic, aby stworzyć jedną ludzkość ("Wolę to, co mam wspólnego z innymi ludźmi, niż to, co mnie od nich odróżnia", s. 242). Kilkakrotnie autor podkreśla myśl, że istnieje niezgłębiona przepaść między ludźmi, którzy przeżyli tragedie takie jak te, które opisuje, a tymi, którzy ich nie przeżyli: "jeszcze wczoraj wieczorem oni byli tacy jak my i my tacy jak oni, ale coś się stało im, a nie nam, więc teraz należymy do dwóch odrębnych gałęzi ludzkości" (s. 19).

Dla ludzi po obu stronach tej przepaści wzajemne zrozumienie jest jeszcze trudniejsze, ponieważ są zmuszeni do wzajemnego oddziaływania na siebie. Widzimy, jak swoboda wypowiedzi między Juliette i Étienne'em kontrastuje z powściągliwością między Juliette i Patrice'em:

> "[...] zasadą – i zauważają, że oboje jej przestrzegają – jest nie rozmawianie o tych sprawach z innymi. Przez co rozumieją swoich innych: Nathalie dla niego, Patrice dla niej [...] ważne jest, aby ukryć przed nimi te konkretne myśli, ponieważ powodują one ból" (s. 172).

W obliczu tego, co niewypowiedziane, narrator proponuje dwie różne reakcje: działanie, uosabiane przez Hélène, która działa, nie szczędząc myśli dla siebie; i pisanie dla niego, które, choć w kryzysie może wydawać się bezużyteczne i nieskuteczne, być może pomoże tym, którzy pozostali, a przynajmniej pomoże nam lepiej zrozumieć to, co się stało.

DALSZA REFLEKSJA

KILKA PYTAŃ DO PRZEMYŚLENIA...

* Które elementy powieści świadczą o tym, że nie jest ona fikcyjna?

* Jak opisałabyś osobowość autora-narratora?

* Twoim zdaniem, co jest przyczyną emocji, które odczuwamy przez całą powieść?

* Autor jest świadkiem dwóch tragicznych wydarzeń. Czego się z nich dowiaduje?

* Jaką wizję choroby daje nam autor poprzez tę książkę?

* Jak myślisz, dla kogo ta książka była przeznaczona? Jak myślisz, dlaczego Carrère ją napisał?

* Jakie przesłanie autor chce, abyśmy wynieśli z jego książki?

* Porównaj tę książkę z *The Adversary* (2000), inną powieścią Carrère'a. Jakie punkty wspólne można dostrzec między tymi dwoma powieściami?

* Co odróżnia powieść non-fiction od zbeletryzowanej autobiografii?

* Jak Carrère zabrał się do pisania tej książki? W jaki sposób ta wstępna praca przypomina dziennikarstwo?

DALSZE CZYTANIE

WYDANIE REFERENCYJNE

Carrère, E. (2012) *Other Lives But Mine*. Trans. Coverdale, L. London: Serpent's Tail.

BADANIA REFERENCYJNE

Bilger, P. (2014) D'autres vies… et celle d'Emmanuel Carrère. *Justice au Singulier*. [Online]. [dostęp 21 kwietnia 2017]. Dostępny w: <http://www.philippebilger.com/blog/2014/08/dautres-vieset-celle-demmanuel-carr%C3%A8re.html>.

Carrère, E. (2016) *Il est avantageux d'avoir où aller*. Paris: Éditions P.O.L.

Caviglioli, D. i Leménager, G. (2011) La fin du roman ? *Le Nouvel Observateur*. [Online]. [dostęp 21 kwietnia 2017]. Dostępny w: <http://bibliobs.nouvelobs.com/rentree-litteraire-2011/20111125.OBS5320/la-fin-du-roman.html>.

ADAPTACJA

Wszystkie nasze pragnienia. (2011) [Film]. Philippe Lioret, reż. Francja: Mars Distribution.

Chcemy usłyszeć od Ciebie, co się dzieje!
Zostaw komentarz na temat swojej internetowej biblioteki
i podziel się swoimi ulubionymi książkami w mediach społecznościowych!

Dlaczego warto wybrać Must Read?

Dowiedz się wszystkiego, co musisz wiedzieć o książce dzięki naszym zwięzłym i dogłębnym streszczeniom i analizom!

Odkryj to, co najlepsze w literaturze w zupełnie nowym świetle!

www.50minutes.com

www.50minutes.com

Master ISBN: 9782808694582
Papierowy ISBN: 9782808615983
Depozyt prawny: D/2023/12603/1878

Verhaal: © Primento

Projekt cyfrowy: Primento, cyfrowy partner wydawców.